दिल के तराने

निरंजन सेन

XpressPublishing
An imprint of Notion Press

XpressPublishing
An imprint of Notion Press

Old No. 38, New No. 6
McNichols Road, Chetpet
Chennai - 600 031

First Published by Notion Press 2019
Copyright © Niranjan Sen 2019
All Rights Reserved.

ISBN 978-1-64869-873-6

This book has been published with all efforts taken to make the material error-free after the consent of the author. However, the author and the publisher do not assume and hereby disclaim any liability to any party for any loss, damage, or disruption caused by errors or omissions, whether such errors or omissions result from negligence, accident, or any other cause.

While every effort has been made to avoid any mistake or omission, this publication is being sold on the condition and understanding that neither the author nor the publishers or printers would be liable in any manner to any person by reason of any mistake or omission in this publication or for any action taken or omitted to be taken or advice rendered or accepted on the basis of this work. For any defect in printing or binding the publishers will be liable only to replace the defective copy by another copy of this work then available.

क्रम-सूची

1. लोकतंत्र में कसमे वादे नहीं ववचार चलते हैं	1
2. लोकतंत्र में कसमे वादे नहीं ववचार चलते हैं	2
3. लोकतंत्र में कसमे वादे नहीं ववचार चलते हैं	3
4. लोकतंत्र में कसमे वादे नहीं ववचार चलते हैं	4
5. लक्ष्य पाना मुश्किल नहीं सोचना मुश्किल है।	5
6. लक्ष्य पाना मुश्किल नहीं सोचना मुश्किल है।	6
7. लक्ष्य पाना मुश्किल नहीं सोचना मुश्किल है।	7
8. लक्ष्य पाना मुश्किल नहीं सोचना मुश्किल है।	8
9. लक्ष्य पाना मुश्किल नहीं सोचना मुश्किल है।	9
10. स्वयं के द्वारा अभिप्रेत व्यक्तत सफल होता है।	11
11. स्वयं के द्वारा अभिप्रेत व्यक्तत सफल होता है।	12
12. स्वयं के द्वारा अभिप्रेत व्यक्तत सफल होता है।	13
13. स्वयं के द्वारा अभिप्रेत व्यक्तत सफल होता है।	14
14. स्वयं के द्वारा अशिप्रेत व्यक्तत सफल होता है।	15
15. संघर्ष और पररवर्षन	16
16. संघर्ष और पररवर्षन	17
17. संघर्ष और पररवर्षन	18
18. संघर्ष और पररवर्षन	19
19. संघर्ष और पररवर्षन	20
20. कीटनाशक से कीट नहीं मरते ककसान	21
21. कीटनाशक से कीट नहीं मरते ककसान	22
22. कीटनाशक से कीट नहीं मरते ककसान	24

1. लोकतंत्र में कसमे वादे नहीं ववचार चलते हैं

लोकतंत्र में कसमे वादे नहीं विचार चलते हैं साथियों यह 21वी सदी है आज हम देखते हैं। लोकतंत्र पूर्ण रूप से शिक्षा पर आधारित है। पश्चिमी देशों में लोग अपने विचारों से और देश के विकास में अपना मतदान करते हैं। परंतु आज हमारे यहां देश में लोकतंत्र कहीं ना कहीं कसमे वादों पर चल रहा है।

हम अक्सर देखते हैं कि जैसे ही चुनाव होने लगते हैं तो हमारे जनप्रतिनिधि अपने वोट को कसमें दिला कर और हाथ में पानी का लोटा लेकर अपने पक्ष में करते हैं। जो कि लोकतंत्र के खिलाफ है।

हमें हमारे जीवन में एक महत्वपूर्ण चीज मिली है वह है हमारा अमूल्य वोट।

इसको हमें देश समाज के विकास में करना चाहिए। हमें किसी तरह के कसमों वादों में नहीं पड़ना है।

2. लोकतंत्र में कसमे वादे नहीं ववचार चलते हैं

अगर आप कसम खाकर उसके खिलाफ होते हैं तो वह आप पर फब्तियां कसते हैं।
जो प्रतिनिधि आपसे कसम दिलाता है क्या वह भी कसम खाता है कि मैं लोकतंत्र की मर्यादा में रहकर अपने पद का निर्वहन करुंगा नहीं ना तो फिर हम ऐसी कसमें खाकर क्यों बंधे है।

हम अपने मत का प्रयोग ऐसी जगह करें जहां हमें लगे हमारा मत समाज या देश के विकास के लिए प्रयोग हो रहा है।

लोकतंत्र तब तक अपन था जब तक शिक्षा का प्रसार नहीं था परंतु आज देश का 80% से ज्यादा नागरिक साक्षर है। इसलिए हमें इन चीजों से बचकर एक परिवर्तन की तरफ जाना है। क्योंकि जो आज हमें उपहार दे रहा है वह कल हमारे साथ और देश के साथ क्या करेगा।

" कसमे वादे से बधो मत,
    मत है कोई मदारी का खेल नहीं।"

3. लोकतंत्र में कसमे वादे नहीं ववचार चलते हैं

4. लोकतंत्र में कसमे वादे नहीं ववचार चलते हैं

5. लक्ष्य पाना मुश्किल नहीं सोचना मुश्किल है।

लक्ष्य पाना मुश्किल नहीं सोचना मुश्किल है

इस धरती पर लाखों जीव जंतु पैदा होते हैं और मर जाते हैं। केवल मनुष्य जीवन ही ऐसा जीवन है जिसमें हम सोच समझकर अपने ज्ञान विज्ञान सूझबूझ से जीवन को संवारते हैं।

प्रकृति ने मानव को वह सब शक्ति प्रदान की है। जिससे वह प्रकृति के और जीवो पर काबू पा सके।

मानव जन्म उद्देश्य परक होना चाहिए जब हम जन्म लेते हैं तो बहुत से लोग जैसे माता-पिता रिश्तेदार हम से उम्मीद लगानी शुरू कर देते हैं और हमें भी अपने जीवन के लक्ष्य को लेकर चलना चाहिए और अपने मानव जीवन को संवारना चाहिए।

हम यही सोचते हैं कि हम लक्ष्य को कैसे हासिल करेंगे?

यह तो बहुत ही मुश्किल काम है यह हमसे नहीं हो सकता।

दोस्तों यह प्रश्न हमारे मन में बार-बार उठते रहते हैं हम सोच लेते हैं कि हमें यह पाना है परंतु उसकी कठिनाइयों से डर कर उससे मुंह मोड़ लेते हैं।

दोस्तों हमारे में बस यही कमी रह जाती है बस हमारी सोच में ही कठिनाई है किसी लक्ष्य को पाना उतना मुश्किल नहीं है जितना सोचना।

6. लक्ष्य पाना मुश्किल नहीं सोचना मुश्किल है।

यदि मनुष्य किसी बात को मन में ठान ले तो वह दुनिया की हर चीज से मुकाबला कर सकता है वह शेर से लड़ सकता है पर्वत को तोड़ सकता है और नदी को मोड़ सकता है बशर्त है कि वह एक बार सोच ले।

मैं आपको एक उदाहरण बताता हूं- बहुत से लोग देवी देवताओं की मन्नत पूरी करने के लिए 200 या 300 किलोमीटर या इससे भी अधिक दूरी पैदल चलकर पूरी करते हैं जब तक उनकी यात्रा पूरी नहीं होती है तब तक वह हार नहीं मानते चाहे कितनी ही मुसीबत उनके सामने आए वह मन्नत को पूरी करते हैं।

जैसे ही मन्नत पूरी हो जाती है वह पूर्ण रूप से ऐसे फ्री हो जाते हैं जैसे उसने अपने जीवन के लक्ष्य को पा लिया हो उसने अपने मन में जो मन्नत थी उसको पूरा किया वह फिर ऐसे थक कर बैठ जाता है क्यो ?क्योंकि वह उसका लक्ष्य था उसने पा लिया।

इसी प्रकार हमें भी अपने जीवन का एक लक्ष्य बनाना चाहिए और जब तक पूरा नहीं हो तब तक अथक प्रयास करने चाहिए हार कर नहीं बैठना चाहिए। निश्चित ही हम अपने लक्ष्य पाने में कामयाब हो जाएंगे लक्ष्य को पाना उतना मुश्किल नहीं है जितना कि सोचना।

7. लक्ष्य पाना मुश्किल नहीं सोचना मुश्किल है।

जैसे किसी ने डॉक्टर इंजीनियर या आईएएस आईपीएस को अपना लक्ष्य बनाया है तो पहले उसके प्रति हमें अपनी सोच मजबूत करनी होगी जब अपने मन में सोच लेंगे तो हम निश्चित ही सफल हो जाएंगे और हमें अपने लक्ष्य को पा लेंगे।

" नाविक मत डर समुंदर से ,तेरा किनारा जरूर आएगा।
मन में सोच ले पतवार उठा ले, तू सफल जरूर हो जाएगा।
डर गया अगर इन लहरों से, तू लक्ष्य कैसे पाएगा।
धीर- धर, आगे बढ़ बढता ही चल।
मत सोच ये कि ,रास्ते में कोई भूचाल आएगा।
हो जायेगा सफल निश्चित ही लक्ष्य, को तू पाएगा।"

8. लक्ष्य पाना मुश्किल नहीं सोचना मुश्किल है।

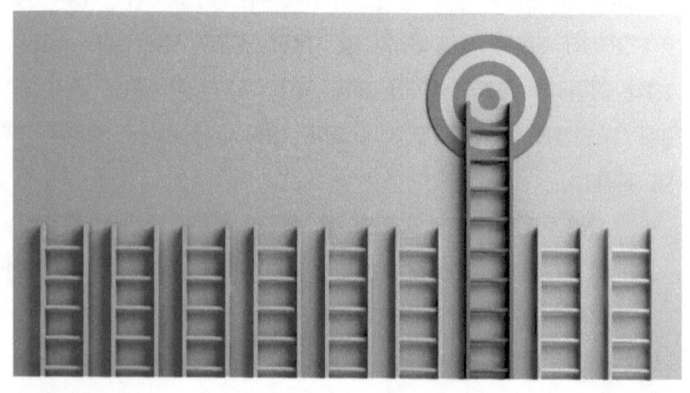

9. लक्ष्य पाना मुश्किल नहीं सोचना मुश्किल है।

दिल के तराने

10. स्वयं के द्वारा अभिप्रेत व्यक्तत सफल होता है।

स्वयं के द्वारा अभिप्रेरित व्यक्ति सफल होता है।

आज हम देख रहे हैं कि हम मेहनत करने के बाद भी असफल हो जाते हैं और भाग्य को कोसने लग जाते हैं।

ऐसा क्यों?

यह प्रश्न में बार-बार सताता है और हम अपनी जिंदगी को किस्मत पर छोड़ देते हैं।

हम एक सफल होने के लिए स्वयं अभिप्रेरित होना पड़ेगा।

Self motivate (स्व अभि प्रेरित) का मतलब है सुन की क्षमता को पहचान के उनके अनुरूप काम करना।

हमारा मन या आत्मा हमें जो करने की हिम्मत दे रही है उसे करना चाहिए हमें हमारे सकारात्मक विचारों को मानते हुए आगे बढ़ना चाहिए। बहुत से अभिभावक ऐसे होते हैं जो अपने बच्चों को खुद की मर्जी से आगे बढ़ाने की सोचते हैं। वह कभी बच्चे की रुचि नहीं जानते और बच्चा इन दोनों के बीच में फंसकर असफल हो जाता है।

हमने अपने आसपास बहुत से ऐसे व्यक्ति देखे हैं जो व्यापार में नुकसान खा कर बैठ जाते हैं और फिर दोबारा है हिम्मत(कोशिश) नहीं करते और भाग्य को दोष दे देते हैं।

11. स्वयं के द्वारा अभिप्रेत व्यक्तत सफल होता है।

परंतु कुछ लोग ऐसे भी हैं जो नुकसान खाकर भी फिर से प्रयास करते हैं और बस वह अपने काम में तल्लीन रहते हैं और वह आगे बढ़ते चले जाते हैं और उनका टर्नओवर पहले से भी अधिक बढ़ जाता है।

उसका मतलब हम उसके भाग्य से जोड़ देते हैं परंतु ऐसा नहीं है।

वह स्वय की शक्ति से अभी प्रेरित होकर लगातार मेहनत करता रहता है और आगे बढ़ता रहता है।

कई बार कोई विद्यार्थी फेल हो जाता है परंतु उसके बाद वह इतनी मेहनत करता है कि वह अपने जीवन के लक्ष्य को प्राप्त कर लेता है। वह उसकी वह शक्ति है जो उसे आगे बढ़ने के लिए प्रेरित करती है क्षमता को ही हम स्वअभीप्रेरित कहते हैं।

इसलिए हमें कभी असफलता मिले तो भाग्य को कोसकर नहीं बैठना चाहिए परंतु उस असफलता से अभप्रेरित होकर आगे बढ़ना चाहिए हम निश्चित ही मंजिल को पा सकते हैं।

12. स्वयं के द्‌वारा अभिप्रेत व्यक्तत सफल होता है।

" हार कर बैठना, कर्म नहीं है मनुष्य का।
जो लगातार चलता रहता, वही धर्म है मनुष्य का।
थक कर बैठ गए तो तुम, कैसे मंजिल पाओगे।
आत्म संयमित होकर, नित आगे बढ़ो, निश्चित मंजिल पाओगे।"

13. स्वयं के द्वारा अभिप्रेत व्यक्तत सफल होता है।

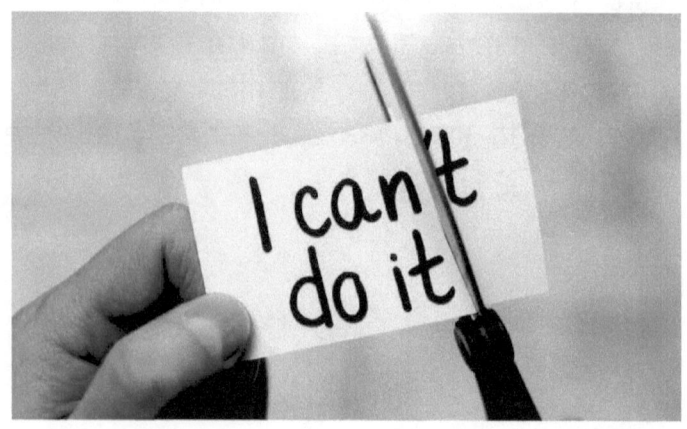

14. स्वयं के द्वारा अभिप्रेत व्यक्तत सफल होता है।

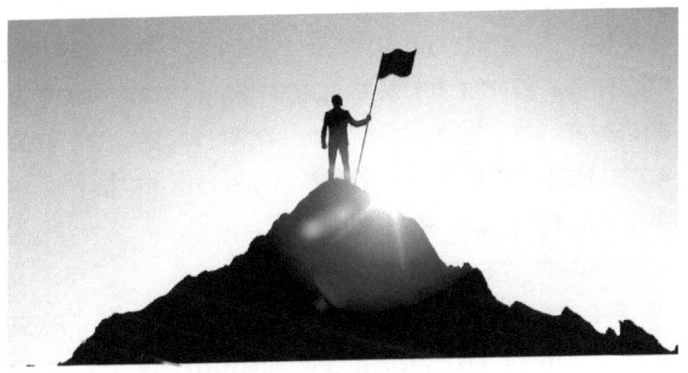

15. संघर्ष और पररवर्षन

हमने अपने जीवन में सफलता के लिए संघर्ष का बहुत महत्व मानना है जो व्यक्ति अपने लक्ष्य को पाना चाहता है उसे संघर्ष करना होगा। बिना संघर्ष के लक्ष्य की प्राप्ति नहीं हो सकती।

संघर्ष के द्वारा ही परिवर्तन संभव है फिर चाहे वह परिवार का हो देश का और समाज का हो। बिना संघर्ष के जीवन में हमें असफलता हाथ लगती है और जो संघर्ष करके आगे बढ़ता है वह किसी समाज या किसी देश का हीरो या नायक बन जाता है।

मैं आपको एक उदाहरण बताता हूं-

हम सब मूवी (फिल्म) देखते हैं और हम पाते हैं कि उस मूवी में एक ही हीरो होता है और खलनायक आपको ज्यादा मिल जाएंगे जो उसको आगे बढ़ने में अड़चन पैदा करते हैं और वह अकेला सभी से लड़ता है और अंत में भेजी थी भी जाता है।

कभी आपने सोचा है ऐसा क्यों होता है?

क्योंकि वह हीरो समाज में परिवर्तन करना चाहता है वह सभ्य समाज की स्थापना करना चाहता है वह समाज का मार्गदर्शक बनता है। और वह सोई हुई जनता को जगाता है। खलनायक उसका विरोध इसलिए करते हैं कि वह सोई हुई जनता को सोई हुई रखना चाहते हैं क्योंकि उसी में उनकी स्वार्थ सिद्धि होती है।

16. संघर्ष और पररवर्षन

खलनायक के चंद लोग जनता में भय व्याप्त रखते हैं समाज में गंदगी फैलाते हैं गाली-गलौच मारपीट करते हैं यह सब उनके आशीर्वाद से होता है ताकि लोग डरे हुए रहे और उस नायक की बात ना मानकर खलनायक द्वारा कही गई बातों पर चलें।

नायक को बहुत सारे कष्ट झेलने पड़ते हैं वह यहां तक कि अपने परिवार को खो देता है परंतु वह इस बात को ठान लेता है कि समाज में परिवर्तन करना है।

वह भयभीत जनता में हौसला पैदा करता है उनमें आगे आने की हिम्मत भरता है तब जाकर वह लोग उनका साथ देते हैं क्योंकि वह लोग खलनायक की प्रताड़ना से डरे हुए हैं।

हीरो के अनवरत प्रयास से खलनायक ओ की हार होती है और नायक की विजय होती है और वह एक नए समाज का निर्माण करता है।

17. संघर्ष और पररवर्षन

दोस्तों यह फिल्मी कहानी बिल्कुल काल्पनिक होती हैं परंतु इनकी जो कहानियां होती है वह कहीं ना कहीं किसी समाज की सत्यता को प्रकट करती है। कहीं ना कहीं हमारे समाज में इस तरह होता है। मूवी एक दर्पण होता है जो हमें उस समाज का चेहरा दिखाता है।

हमें भी सभ्य समाज की स्थापना के लिए हौसला रखना होगा और किसी मूवी का नायक बनकर संघर्ष करना होगा और समाज को आगे बढ़ाना होगा।।

18. संघर्ष और पररवर्षन

19. संघर्ष और पररवर्षन

20. कीटनाशक से कीट नहीं मरते ककसान

आज आर्थिक युग है हर व्यक्ति पैसे कमाने के चक्कर में हर तरीके अपनाते हैं। व्यापारी कालाबाजारी अफसर भ्रष्टाचारी आदि पैसों के लिए मारामारी हो रही है।

आज पैसो के चक्कर में हर कोई किसी का स्वास्थ्य का ध्यान ना रखकर हर उत्पाद में मिलावट करता है चाहे वे उसे कीटनाशक से बचाने के लिए या फिर मुनाफे के लिए

अगर हम किसान की हालत देखे तो सबसे दयनीय हैं वह अपनी फसलों को बोलता है वह काटने तक उसमें पानी देना कीटों से बचाने के लिए कीटनाशकों का प्रयोग करना। परंतु वह इस बात से अनभिज्ञ कि वह कीटनाशक उसके शरीर पर कितना विपरीत प्रभाव डालते हैं।

21. कीटनाशक से कीट नहीं मरते ककसान

हर किसान ही पोस्ट में ना जाने कितनी बार कीटनाशक या जहर का उपयोग वह दवाई के नाम पर करता है उसे इससे भ्रमित किया जाता है कि यह कीटनाशक जहर नहीं है दवाई है।

और वह कीटनाशक कीटों के साथ-साथ उसे भी खा जाता है।

वह बहुत सी बीमारियां जैसे त्वचा रोग श्वास और अन्य प्रकार की बीमारियों से ग्रसित हो जाता है।

शोधों में यह भी पाया गया है कि अधिकतर किसान जो कैंसर से पीड़ित है उस पर कीटनाशक का प्रभाव है।

किसान संघर्ष से जूझता और दिन-रात अथक मेहनत करता है परंतु उनका खर्चा और सरकार से मिलने वाले भाव उसे कर्ज में डुबो देता है और वह इस जिंदगी से हार जाता है अंत में वह कीटनाशक या जहर का उपयोग कर अपनी जीवन लीला को समाप्त कर लेता है।
(इसलिए मैं कहता हूं कीटनाशक से कीट नहीं मरते किसान हैं।)

किसानों के दर्द को जानने के लिए सरकार को कुछ कदम उठाने होंगे और जो कीटनाशक दवाइयों के नाम पर विदेशी कंपनियां जहर देखकर मोटा मुनाफे के चक्कर में किसानों को जहर दे रही है उन पर शिकंजा कसना होगा।

किसान अन्नदाता है वह दिन रात प्रयास कर कर हमारा

पेट भरता है परंतु सरकार ने इनकी सुरक्षा का ध्यान रखना होगा। हमें इन्हें बचाना होगा खेती में कीटनाशकों को बंद कर जैविक खेती पर ध्यान देना होगा

22. कीटनाशक से कीट नहीं मरते ककसान

www.ingramcontent.com/pod-product-compliance
Lightning Source LLC
La Vergne TN
LVHW041717060526
838201LV00043B/790
* 9 7 8 1 6 4 8 6 9 8 7 3 6 *